突破极限

青少年心肺耐力训练指南

总主编◎段　勇

TUPO JIXIAN

QINGSHAONIAN XINFEI NAILI

XUNLIAN ZHINAN

五洲传播出版社

图书在版编目（CIP）数据

突破极限：青少年心肺耐力训练指南 / 段勇总主编 . –– 北京：五洲传播出版社，2022.9

ISBN 978-7-5085-4870-8

Ⅰ.①突… Ⅱ.①段… Ⅲ.①青少年—耐力(体育)—运动训练—指南 Ⅳ.① G819-62

中国版本图书馆 CIP 数据核字 (2022) 第 182703 号

突破极限　青少年心肺耐力训练指南

总 主 编：段　勇
出 版 人：关　宏
责任编辑：黄金敏

出版发行：五洲传播出版社
地　　址：北京市海淀区北三环中路 31 号生产力大楼 B 座 6-7 层
邮　　编：100088
发行电话：010-82005927，82007837
网　　址：http://www.cicc.org.cn http://www.thatsbooks.com
承 印 者：北京利丰雅高长城印刷有限公司
版　　次：2022 年 11 月第 1 版第 1 次印刷
开　　本：787mm×1092mm　1/16
印　　张：8
字　　数：90 千字
定　　价：28.00 元

编　委　会

前言 Preface

    2019 年第八次全国学生体质与健康调研结果显示，评价青少年心肺耐力水平的 800 米跑（女生）/1000 米跑（男生）项目、评价上肢力量水平的引体向上（男生）项目为薄弱项目，制约着青少年体质健康水平的提升，也是一线体育教学亟待突破的"难题"。

    客观上，引体向上和耐久跑项目存在场地局限、练习枯燥等特点。部分学生、体育教师对该项目也有"认知盲区"，存在训练方法手段不精准、解决教学核心问题低效或无效等现象。为破解"难题"，我们邀请国内体能训练领域的专家、一线体育教师组成项目团队，重点突破引体向上和耐久跑项目。

    维持身体长时间活动的能力称为耐力，心肺耐力是指大肌肉群、多关节参与持续工作的能力。心肺耐力的发展具有一定的阶段性。青春期到来之前，人的心输出量较差，血液携氧能力低，最大摄氧量少，耐力整体处于较低水平。此阶段练习的任务是在出现疲劳之前增加体能活动的时间，丰富练习的内容、增加各种练习的时长和重复次数从而对提高耐力产生积极影响。进入青春期，伴随着生长发育，心肺容量和最大摄氧量增长，耐力水平显著提升。此阶段耐力素质发展的任务是继续提升有氧耐力和无氧耐力，增强心肺系统的功能。

    在教学训练策略方面，青春期和青春期之前，孩子们的专注度十分有限，他们对枯燥的练习容易倦怠，如果感觉没趣味，情绪的波动会导致他们过早放弃。因此，保护孩子的兴趣，选用并拓展丰

富的心肺耐力训练方法是关键。学生体能和技术的差异是教学组织中必须考虑的要素，在分组、分层教学时，让每一个学生的练习内容"可接受"且具有"挑战性"，对于能否达成教学目标非常重要。

发展青少年的心肺耐力的过程，也是指导他们科学地"突破极限"的过程。我们系统梳理了小学四年级至高中三年级，基于学校课堂教学和课余训练的发展青少年心肺耐力的原理、方法和案例，形成《突破极限：青少年心肺耐力训练指南》一书，希望能为教师教学和学生训练提供有益的帮助。

由于编写时间和水平有限，书中不足之处在所难免，欢迎大家提出宝贵的意见与建议，以便再版时修改完善。

编者

2022 年 8 月

目录

第一章

绪论

第一节

发展心肺耐力的意义及影响因素

教学目标

使学生了解发展心肺耐力的意义，体验并运用多种发展心肺耐力的练习方法。

教学内容

一、发展心肺耐力的意义

心肺耐力是人体长时间连续活动的一种能力，是体能的重要组成部分，也是评价中小学生体质健康水平的指标之一。通过提高心肺耐力，可以改善人体呼吸系统、血液循环系统的功能，提高人体克服疲劳的能力。在进行具有一定强度、持续一定时长的活动时，良好的心肺功能能够有效提升运动表现力。

中小学体育活动中一般以有氧耐力练习、无氧耐力练习、肌肉耐力练习为主，指导者应根据人体发育敏感期的实际需求和练习者的能力水平，选择适合不同年龄段的练习内容，通过安全、科学、系统的练习发展心肺耐力，为身体打下良好的心肺耐力基础。

二、有氧耐力

有氧耐力是指人体长时间进行有氧运动的能力，是衡量人体质健康状况和劳动工作能力的基本生理指标之一，是国家学生体质健康标准的核心要素。有氧耐力建立在机体摄取氧的能力、运动所需要的氧以及机体运动后恢复能力的动态平衡之中。有氧耐力水平往往意味着人的健康水平和体质状况。决定机体有氧耐力的生理因素主要是运动中氧气的供应和作为能量物质的糖原含量。当下主要采用持续负荷法、间断负荷法和高原训练法等训练方法，对有氧耐力进行训练。

三、无氧耐力

无氧耐力是指人体在缺氧状态下，长时间对肌肉收缩供能的工作能力。按照身体运动状态的差异，无氧耐力可以分为力量无氧耐力和运动无氧耐力。无氧耐力的高低主要取决于肌肉内糖无氧酵解供能能力、缓冲乳酸的能力以及脑细胞对血液 pH 值变化的耐受能力。一般采用最大乳酸训练以及增强机体耐乳酸能力训练等手段，来发展无氧耐力，常采用短时间、高密度或高强度、低间歇的训练方法进行练习。

四、肌肉耐力

肌肉耐力是指人体肌肉长时间进行持续工作的能力，即人体对抗疲劳的能力。运动、负重都是体现肌肉耐力的形式，因此，运动耐力、静力耐力是肌肉素质的体现。决定肌肉耐力的因素包括肌肉生理横截面积，中枢神经系统发放冲动的强度和频率，生物力学因素（包括肌肉的长度、肌肉收缩的类型及张力等），年龄，过度训练等方面。肌肉耐力的训练要注意渐增阻力原则、专门性原则、系统性原则。

教学策略

这一节内容注重体能学练内容的多样性、科学性与安全性，通过学练使学生体验并知道发展心肺耐力的多种练习方法，在练习过程中能够与同伴合作完成学练，根据自身感受调整练习节奏，并逐步学以致用。指导者应该关注学生身体发育敏感期，注重应用心肺耐力练习中运动密度与强度的变化，能够根据评估测试结果调整锻炼目标和计划，实现使学生主动参与体能活动与比赛，从而提高运动表现力和自信心的目标。

教学评价

① 参与心肺耐力练习，能说出相关术语和动作名称。

② 掌握心肺耐力的练习方法并能在体育活动中积极运用，发展心肺

耐力水平。

③ 了解心肺耐力对人体运动与健康的重要性，制订包含目标、内容、方法和评价的心肺耐力锻炼计划。

第二节

心肺耐力评价指标

心肺耐力指一个人持续进行身体活动的能力。心肺和血管的功能对于氧和营养物的分配、清除体内垃圾具有重要作用，尤其是在进行有一定强度的活动时，良好的心肺功能显得更加重要。评价心肺耐力强弱的指标主要有最大摄氧量、乳酸阈。

一、最大摄氧量

目前评价心肺耐力水平的指标主要有最大摄氧量、最大摄氧量的速度、乳酸／换气阈等。其中，最大摄氧量是测试心肺耐力的重要指标。最大摄氧量指在极限的肌肉活动情况下，呼吸循环功能达到最高水平时，单位时间所能摄取和利用的最大氧量。用它能够有效评估人体的心肺耐力水平，反映人体有氧运动的能力。

最大摄氧量一词是英国生理学家阿奇博尔德·希尔提出的。他在研究中发现，随着奔跑速度的增加，人体需氧量也不断增加，当速度提升到最高时，由于呼吸和循环系统的限制，所需摄氧量达到最大，并维持在这个相对稳定的状态，这就是最大摄氧量。

1. 影响最大摄氧量的因素

最大摄氧量受多种因素共同调控，包括以下几个重要方面。

（1）年龄和性别

许多研究表明，青春期前的男性和女性的最大摄氧量差别较小，男性约比女性高出 7%。进入青春期后，由于受激素水平差异的影响，男性和女性的发育差别显著，男性最大摄氧量比女性高出 39%。男性最大摄氧量一般在 18~20 岁时达到峰值，并能保持到 30 岁左右；女性最大摄氧量在 14~16 岁时即达到峰值，一般可保持到 25 岁左右。在摄氧量绝对值方面，体重是影响因素之一，因此男性平均摄氧量高于女性平均摄氧量。

（2）遗传因素

最大摄氧量受基因影响极大。基因就是遗传物质，由上一代通过细胞和染色体的重组传递给下一代。有人在研究双胞胎的最大摄氧量水平时发现，其相关程度竟然可高达 90% 及以上。儿童及青少年时期的最大摄氧量直接影响了青壮年时期的最大摄氧量。

（3）运动训练

研究得出的普遍观点认为，长时间系统的耐力训练在促进心肺耐力提高的同时，也有助于机体最大摄氧量水平的升高。在训练初期，心肺系统受到刺激，增强心脏输送血液的功能。随着训练程度的加深，机体的心肺功能提高到了一定水平，便不会无限制增长了，而是慢慢提高肌肉组织中肌红蛋白对氧气的利用效率，以此来改善人体的最大摄氧水平。综合而言，运动训练虽然能改善人体的最大摄氧水平，但仅通过加强心肺功能远远不够，提升肌红蛋白对氧气的利用能力是关键点之一。

（4）体脂率

体脂率即人体内脂肪占体重的百分比。如果摄入体内的能量过多，就会导致脂肪细胞在体内逐渐膨胀并且大量增加。这些细胞的体积可大可小，有时我们减肥减掉的只是脂肪细胞的体积而不是数量。它们在一定条件下会储能膨胀，变回原样。脂肪大量堆积会使机体的最大摄氧水平显著下降。耐力训练不仅能够增强心肺系统功能，而且可以降低体内脂肪的含量，提高机体的相对耗氧量，从而提升最大摄氧水平。

2. 最大摄氧量测试方法

（1）直接测试法

又称作实验室测试（laboratory measurement）。让受试者戴上专门的仪器在跑台上跑步，通过调整跑台的跑速级别，使受试者运动至力竭，然后把用专门仪器收集到的受试者呼出的气体纳入气体分析仪进行分析，便能确定出其最大摄氧量了。

（2）间接测试法

其依据是人体的耗氧量与本身运动完成的功率和运动时的心率密切相关，因而可通过运动完成的功率和运动时的心率推测受试者的最大摄氧量。

二、乳酸阈

乳酸阈反映的是人体的代谢供能方式由有氧代谢为主开始向无氧代谢为主转换的临界阈值。它通常作为一个生理指标被医疗界、体育界普遍采用，用于评定疾病患者或运动员的运动能力。人体运动时肌肉需要有足够的能量和氧的供应，当运动强度增加时，人体对氧的需求量也增加。当氧的供应量不能满足人体需求时，需要运用无氧代谢进行供能，以补充有氧代谢不足的部分，在细胞内这一过程是由丙酮酸转化成乳酸来完成的。通常当人体安静时血液中乳酸浓度小于 1mmol/L，随着运动强度的增加，乳酸在体内逐渐堆积，当血液中乳酸浓度达到 4mmol/L 时，人在运动负荷下产生代谢性（乳酸性）酸中毒，动脉血中的乳酸含量突然增加，此时的摄氧量或功率水平称为乳酸阈。

1. 乳酸阈的应用领域

乳酸阈作为评定体能水平的指标，在制订运动处方和监测体能训练的效果方面有重要作用。

在运动科学领域，作为评定人体有氧能力的生理指标，乳酸阈要比最大摄氧量更能反映人体的有氧工作能力。在不同运动项目中和不同人群中通过乳酸阈监控机能状态，评定运动耐力水平，对于制订运动训练方案和运动选材具有重要的指导意义。

在医学领域，乳酸阈不仅能评定患者的运动耐力，还可以作为制订运动处方的依据用于指导慢性病患者进行训练，评价治疗前后的心肺功能以及康复训练的效果。

2. 影响乳酸阈的因素

（1）运动项目

乳酸的生成受运动项目的影响。一般而言，耐力训练可有效增强机体生成、清除和利用乳酸的能力。耐力训练使骨骼肌线粒体数量增多、体积增大、氧化酶活性增强，氧化乳酸的能力提高，使乳酸清除速率提高。完成相同亚极量强度定量负荷时，高水平耐力运动员的乳酸生成率低、清除率高、细胞缓冲能力强，因而其血乳酸浓度增高相对较小。许多研究表明，长跑、游泳、自行车等项目运动员的乳酸阈值及吸氧量利用率要高于短跑、短距离游泳等非耐力项目运动员。

（2）训练水平

乳酸的生成与运动水平相关，训练可以提高乳酸阈值。乳酸阈值主要与外周的代谢因素关系密切，例如肌肉的血流量、肌纤维类型的百分组成及酶的活性等。训练可以改善代谢能力，使乳酸阈值较大幅度地提高。

（3）性别及年龄

性别影响乳酸阈时的吸氧量水平，但不影响乳酸阈时的最大吸氧量利用率。研究表明，我国男性大学生乳酸阈时的吸氧量明显高于女性，而最大吸氧量利用率在男女之间却没有显著性差异。年龄对少年儿童的乳酸阈有一定的影响。

（4）环境条件

当人位于海拔4000米的高处时，大气压的下降带来氧分压的减少，吸氧量大为减少，同时也影响乳酸阈。高原条件下乳酸阈时吸氧量明显低于平原地带。温度的变化也影响乳酸阈，研究表明，在高温（40℃）条件下进行的渐增负荷运动与常温（25℃）时相比，乳酸阈时吸氧量有明显的差异。

3. 乳酸阈的测定方法

（1）直接测试法

虽然乳酸阈值定义为血液中乳酸浓度开始急剧上升的起点，但是一些实验取对应于 4 mmol/L 血乳酸浓度的功率值为乳酸阈值。

（2）Firstbeat 算法

Firstbeat 算法是指通过复杂的运算函数来估算乳酸阈值。其算法需要被测者稳定的最大摄氧量和足够多的高质量心率数据。

（3）血乳酸测定法

血乳酸测定法是指在运动强度逐渐增加的过程中，每隔 1 分钟使用耳垂或拇指针刺法依次采集血液样本，在运动过程中至少获得 4 个数据点，通过绘制动脉乳酸浓度与最大摄氧量的关系图来确定乳酸阈。

（4）通气阈法

通气阈法是指被测者在进行递增负荷的运动测试时，佩戴气体代谢分析仪，通过分析人体气体代谢的各项指标随运动负荷的变化来判断乳酸阈。

（5）近红外线光谱法

近红外线光谱是一种能穿透机体组织的近红外线连续光谱，利用血红蛋白携氧量不同时，对近红外光（600~1000nm）呈现出不同的吸收光谱来确定氧化代谢状态，从而判定乳酸阈。

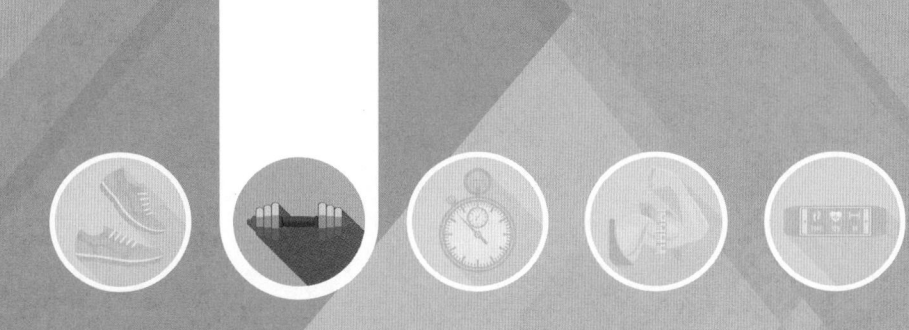

第二章

运动基础

第一节

人体基础结构

我们本节学习的目标是，了解人体运动的基础并说明其作用。

人体有九大系统，各个系统既各司其职又相互配合，保证人体各项生命活动正常进行。其中，运动系统是重要的系统之一，它能控制动作、灵活性、速度、力量、协调性和平衡。

人体运动系统由骨、骨连接和骨骼肌组成。人体的运动是以关节为支点，通过附着于骨面的肌肉的收缩，牵动骨骼改变位置而产生的。三者在神经系统的支配和调节下协调一致，随着人的意志共同完成各项动作。

一、骨骼

骨骼是身体结构的基本框架，其主要功能是运动、造血、支持和保护身体。骨组织内有丰富的血管、淋巴和神经，骨组织有新陈代谢、生长发育、再生修复的功能。科学系统的锻炼可以帮助骨骼健康生长、发育良好、延缓退化。

成人骨共206块，儿童骨约为213块，根据所处部位不同可分为颅骨、躯干骨和四肢骨。根据骨的形状不同可分为长骨、短骨、扁骨、不规则骨四种。骨的构造以骨质为基础，表面覆以骨膜，内部充以骨髓。分布于骨的血管、神经先进入骨膜，然后穿入骨质再进入骨髓。骨的硬度由所含的无机物决定，弹性由所含的有机物决定。如果硬度过高则易骨折，硬度过低又易发生变形。

通过运动，骨的新陈代谢、血液循环状况能够得以改善，从而在形态结构上产生良好的适应性变化：骨变得更加粗壮和坚固，抗折、抗压缩和抗扭转性能有所提高。例如，芭蕾舞演员的足跖骨骨干增粗，骨密质变厚，表现出很大的可塑性。因此，青少年进行合理的体育锻炼，对长骨适当给予纵向压力，有助于骨维持正常的矿物质代谢。

二、关节

关节是骨连接的主要形式，由关节面、关节囊和关节腔三部分构成，其特点是既有牢固性又有灵活性。关节面上覆盖着一层表面光滑的关节软骨，关节囊内表面还能分泌滑液，使关节之间比较润滑，可减少运动过程中骨的摩擦，缓冲运动时的震动。软骨在成长发育时逐年增厚，运动频率越高，它的厚度和功能性就会变得越好。关节需要保养，运动是保养关节的最佳方式，但是若软骨遭受撞击或运动过量，也会使关节受损。

三、骨骼肌

肌肉是人体运动系统的动力，根据结构和功能的特点，可分为骨骼肌（横纹肌）、平滑肌和心肌（特殊横纹肌）三类。

人体的骨骼肌有 600 多块，约占体重的 40%。骨骼肌一般由肌腹和肌腱组成，肌腹收缩带动肌腱，牵拉骨头，完成肢体活动。骨骼肌主要附着在骨骼上，每块肌肉都具有一定的形态、结构和功能，有丰富的血管、淋巴分布，在躯体神经支配下收缩或舒张，进行随意运动，例如跑步、交谈或写字。骨骼肌是人体中唯一一种可以有意控制的随意肌，几乎所有骨骼肌都直接受大脑支配，即受意识支配，而平滑肌和特殊横纹肌不受大脑支配。

肌肉弹性越大，活动就越顺畅。体育锻炼会改变骨骼肌的外观，并提升肌肉性能，使肌肉系统更好地为身体提供动力及稳定性。

四、神经系统

神经系统分为中枢神经系统和周围神经系统。中枢神经系统由脑和脊髓组成，周围神经系统由脑神经、脊神经以及自主神经（交感神经和副交感神经）组成。神经系统调节各个器官的基本方式是反射，例如，碰到非常烫的物体，人会形成条件反射把手立即缩回，躲开刺激。

人的神经系统是人体进行一切活动的司令部，对指导人的运动锻炼具有极重要的意义。另一方面，运动锻炼也能够给神经系统带来极大的好处。人在运动的时候，神经系统不仅支配着肌肉运动，同时也调整内脏适应肌肉运动。

经过长期锻炼的人，不仅肌肉发达、动作有力，而且动作的速度、柔韧性、灵活性等也有显著提高，对体力劳动和脑力劳动的耐受力增加，对致病因素的抵抗力和对各种外界刺激的适应力都明显提高，这些都是神经系统功能良好的具体表现。

第二节

人体运动供能

我们进行各种不同的体育活动，要依靠肌肉的收缩和伸展来完成，而肌肉的收缩和伸展，都必须由人体内产生的能量来推动。

人体有三大供能系统：磷酸原供能系统、乳酸能供能系统、有氧代谢供能系统。

一、磷酸原供能系统

人体运动开始时,由磷酸原系统供能。人体肌肉中的三磷酸腺苷（ATP）以最大功率输出供能可维持约 2 秒，需要不停地合成 ATP 才能满足肌肉收缩的需要；CP 是由肌酸合成的高能磷酸化合物，其含量是 ATP 的数倍，当 ATP 分解释放能后，CP 在酶的作用下迅速合成 ATP。储存于肌肉中的

ATP 和 CP 数量有限，这个能量系统的特点是持续时间短，功率输出最快，不需要氧气，不产生乳酸等物质，主要用于短时、高强度的运动，如力量举、冲刺跑等。

二、乳酸能供能系统

乳酸能供能系统是指糖原或葡萄糖在细胞浆内无氧分解生成乳酸的过程中，再合成 ATP 的能量系统。当人体肌肉快速运动持续一定时间后，磷酸原供能系统已不能及时提供 ATP 补充，于是动用肌糖原进行无氧酵解供能，合成 ATP。这一系统供能不需要氧，但产生乳酸堆积，供能的最大持续时间约为 33 秒左右。该供能系统能力的优劣主要与速度耐力有关，是 1 分钟以内要求高功率输出运动的供能基础，如 400 米跑、100 米游泳等。专门的无氧训练可有效提高该系统的供能能力。

三、有氧代谢供能系统

在氧供应充分的条件下，糖、脂肪被氧化成水和二氧化碳，并释放出大量能量。有氧代谢功能系统的特点是 ATP 生成总量很大，但速率慢，需要氧的参与，不产生乳酸类的副产品，该系统是进行长时间耐力活动的基础。进行强度较低、持续时间较长的运动，比如慢跑、爬楼梯等，就是通过有氧代谢来供能。由于这一供能过程会消耗脂肪，不少健身爱好者选用低强度、持续时间长的运动来进行减脂。

在任何一项体育运动中，多数情况下是三个供能系统均参与供能，但运动项目不同，各系统所占的比例不同。10 秒左右的冲刺、爆发型项目，主要以磷酸原供能系统供能为主；400 米跑等速度耐力项目，以乳酸能供能系统为主；长达几十分钟以上的活动，以有氧代谢为主要能量来源。

了解了人体运动供能的相关知识，我们就知道了如何选择训练方式。遵循科学规律，进行一些与不同供能系统相匹配的针对性训练，会取得事半功倍的效果。

第三节

身体素质提高敏感期

　　"身体素质提高敏感期"主要集中在儿童和少年时期，这个时期是能够快速提升身体素质的阶段（表1-1）。如果青少年在此阶段的生长发育没有达标，未来将很难达到理想水平。提升耐力素质的第一敏感期男孩在12~14周岁，女孩在11~13周岁，但是由于此时青少年的心血管系统和呼吸系统尚未发育完全，应主要进行有氧耐力训练，负荷不宜过大，从而使心肺功能产生良性适应。

身体素质提高敏感期

运动素质	不同敏感期出现的时间					
	男孩			女孩		
柔韧敏感期	第一敏感期	第二敏感期		第一敏感期	第二敏感期	
	5~8 周岁	12~14 周岁		4~7 周岁	11~13 周岁	
速度敏感期	第一敏感期	第二敏感期		第一敏感期	第二敏感期	
	7~9 周岁	13~16 周岁		5~8 周岁	11~14 周岁	
技术敏感期	第一敏感期	第二敏感期		第一敏感期	第二敏感期	
	9~12 周岁	14~18 周岁		7~10 周岁	12~16 周岁	
协调性敏感期	12~14 周岁			11~13 周岁		
力量敏感期	第一敏感期	第二敏感期	第三敏感期	第一敏感期	第二敏感期	第三敏感期
	12~15 周岁	15~20 周岁	20~25 周岁	10~13 周岁	13~18 周岁	18~21 周岁
	注：身高突增期后的6~12个月是第一个敏感期，增长速度最快，后两个阶段增长速度逐渐放缓			注：身高突增期或月经初潮后是第一个敏感期，增长速度最快，后两个阶段增长速度逐渐放缓		
耐力敏感期	12~14 周岁	17~22 周岁		11~13 周岁	16~21 周岁	
爆发力敏感期	16~22 周岁			15~21 周岁		

第三章

学习策略

第一节

技能掌握

一、技能掌握的重要性

心肺耐力素质的提升需要一定运动负荷的刺激和运动技能的支撑。提高心肺耐力素质有许多种方法，长距离跑是有效且简易可行的方法之一。同时，正确的动作模式也十分重要，因此，学生需掌握规范的跑动技术。技术动作的规范合理主要表现在跑的动作结构要更加符合运动生物力学原理，跑的技术更好地表现出效率化。具体表现是：跑的动作平衡，重心上下起伏较小；上下肢动作配合协调，上肢摆臂积极有力，下肢蹬摆结合、以摆促蹬；跑的向前性和直线性好，并且全程有良好的节奏感等。

二、跑的技术

中长跑运动是一项需要速度和耐力的综合性项目，它一方面要求维持一定的跑速，另一方面应尽量合理地减少能量的消耗。中长跑一般由起跑、起跑后加速跑、途中跑和终点跑四个部分组成。

起跑和起跑后加速跑的目的是使身体尽快摆脱静止状态，迅速启动，占据有利位置。中距离跑多采用半蹲踞式或站立式起跑，长距离则采用站立式起跑。采用站立式起跑时，两脚前后开立，用力脚在前，脚尖紧靠起跑线后沿，两腿弯曲，上体前倾，重心落于前脚。此时身体保持稳定，集中精力听枪声或开跑的口令。听到起跑指令后，身体快速向前冲，进入加速跑阶段。起跑后可在不妨碍别人的情况下，跑向能发挥个人跑速的位置，然后进入有节奏的途中跑。

途中跑是中长跑中距离最长的一段，其任务是继续发挥和保持高速度。摆动腿的膝关节，迅速有力地向前上方摆出，支撑腿在摆动腿积极前摆的配合下，快速有力地伸展髋、膝和踝关节，蹬离地面，形成支撑腿与摆动腿协调配合动作。从直道进入弯道跑时，身体应有意识地向内倾斜，加大右腿的蹬地力量和摆动幅度，右臂亦相应地加大摆动的力量和幅度，有利于迅速从直道跑进弯道。弯道跑时，身体应向圆心方向倾斜，后蹬时右腿用前脚掌的内侧用力，左腿用前脚掌的外侧用力，弯道跑的蹬地与摆动方向都应与身体向圆心的倾斜方向趋于一致。

终点跑是全程跑结束前一段的加速跑，一般情况下，800~1000米跑在最后200~300米开始冲刺，要选好时机，以顽强的意志用尽全力跑向终点。

三、呼吸技术

中长跑时呼吸要有节奏，且要和步速协调起来。一般两三步一呼，两三步一吸，较适合中等强度的步速。跑速比较快，或感到有些疲劳时，可用一步一呼吸的方式。同时，呼吸要均匀，吐气要干净，最好作深呼吸，以确保氧气在肺部充分交换，也更容易配合步伐频率。

当极点来临时，比如感觉难受、四肢乏力、呼吸困难等，可凭着个人意志和毅力继续坚持运动，并进行深而慢的呼吸。这样可以提高气体与血流交换的效率，使流经肺泡的血液携带更多的氧，从而为肌肉运动提供更多的能量，加快乳酸的清除，极点现象及症状就会逐渐消失，机体将达到新的平衡。此时，呼吸变得均匀而深沉，动作感到轻快，不舒适感逐渐消失，这种现象在运动生理学上称为"第二次呼吸"。

冬季天气寒冷，应保持嘴部微张，舌尖顶住上腭，让冷空气从舌尖两旁绕路吸入口腔，从而对冷空气进行加温，避免直接将冷空气吸入气管，引发咳嗽等不适症状。呼气时，舌尖从上腭松开，缓慢地吐气，让热空气顺利从口腔中吐出。

夏天只要注意调整自己的呼吸，让呼吸与脚步相配合即可。也可以采用富有节奏的混合型呼吸，这样会让运动更加轻松和协调。

第二节

体能提升

一、提升心肺耐力的重要性

　　心肺耐力是指肌肉、神经、循环和呼吸等系统维持长时间活动的能力，也可称为有氧耐力。一般情况下，高水平的有氧耐力既可以保持机体在相对疲劳状态下持续工作的能力，又可以协助消除疲劳，还可以有效预防运动不足引起的慢性疾病，如心血管疾病、糖尿病、肥胖等。

二、发展心肺耐力的方法

　　发展心肺耐力的训练方法一般包括中长距离跑、动作模式训练以及专项体能训练。

　　中长距离跑是发展有氧耐力的主要方法。中长跑运动一般包括800~10000米在内的跑步项目，是一项需要速度和耐力的综合性项目，根据速度是否变化，又分为匀速跑和变速跑两种。中长跑运动的特点是负荷量大，没有间歇。主要练习方法有间歇训练法、重复训练法、变速训练法等。监控有氧耐力训练强度应用的简易指标主要为血乳酸和心率。

　　动作模式训练，也称功能性训练，是在遵循人体解剖结构及生理机能遗传特征、符合人体运动动力学与运动学原理要求的基础上，以运动链理论与竞技能力结构整体模型为理论内涵，采用"动作模式"操作实践作为监测评价训练的切入点，依据运动项目专项动作结构、能量代谢等特征，促进练习者机体康复及健康、提高及保持竞技水平的训练观念及方法体系，属运动康复及体能训练范畴。功能性训练的本质是有目的的训练，是以与身体的功能和针对目标运动的专项性相一致的方式进行的训练，如对墙单腿高抬、前踢跳、胯下击掌跳等。

　　专项体能训练是为满足练习和比赛需要，以身体活动能力为基础所进行的体现出运动项目的身体活动特征、表现特征与比赛需求特征的训练，如中长跑项目的专项体能训练包含小步跑、后蹬跑、原地高抬腿跑等动作。

第三节

个体差异

　　个体差异，是指个人所表现出的相对稳定而又不同于他人的心理、生理特点。青少年由于年龄、性别、身体素质、心理素质、兴趣爱好等不同而表现出个体差异，如果没有采用合适的训练方法，很可能会严重挫伤练习者的积极性和主动性，并影响对于知识和技能的掌握以及身体素质的提高。所以，应正确认识并尊重青少年个体差异，针对不同学生的特点选择训练方法、安排训练内容，从而提高青少年心肺耐力和身体素质。

一、性别差异

　　青少年的性别差异是导致个体差异的先天性原因。男生和女生在很多方面都不同，主要体现在身高、体质、性格等方面。男生普遍喜欢挑战性、对抗性的练习内容，而女生大部分喜欢趣味性、动作优美的练习内容。性别差异可能会影响练习中学生的参与度与积极性。性别差异造成了男生对耐力素质练习的兴趣高于女生，在练习中可适当改变练习方法，提高趣味性以激发学生的积极性。

二、身体形态差异

　　科学合理的运动对青少年身体形态的发育有很大帮助。研究表明，较大强度体力活动水平越高，心肺耐力越高，肥胖率越低；静坐少动时间越长，心肺耐力越低，肥胖率越高。

三、运动技能差异

青少年的学习背景和生长环境不同会导致其运动技能掌握的差异性。运动技能的不同造成了每个学生擅长的运动项目也不同，这就需要运用灵活多样的教学方法进行引导。运动技能、兴趣爱好等差异问题可以采用分层次、分组别教学的方式解决。

要减少个体差异对训练效果的影响，首先要了解存在差异的具体方面，再针对性地合理选择练习内容。同时，采用新颖活泼的教学方法激发学生兴趣，避免学生认为心肺耐力训练是一项难学、枯燥、痛苦的练习。对于能力强的学生可以提高练习难度，对于基础薄弱的学生可以适当降低练习难度。

第四章

练习方法

第一节

四至六年级练习方法

热身

动作 1　俯身下探转体

动作要点

1. 立正姿势开始，左脚向前迈步，落在右脚前，左脚后跟着地，勾脚尖，左腿伸直，右腿微曲。

2. 两手沿左腿两侧下滑的同时，上体匀速向下做体前屈动作。

3. 双手划过左脚尖后，右手立即扶左小腿，左手扶头，向左上转体直至旋停，恢复立正姿势。

主要参与肌群

腘绳肌、臀大肌、腹外斜肌。

训练目标

拉伸大腿后部、臀部和腰背部肌群。

建议次数、组数

每组 10 次（左、右腿各 5 次），每组间歇 20 秒，完成 2~3 组。

动作 2　分腿跪姿拉伸

动作要点

1. 单膝跪地，身体挺直，骨盆保持中立位。

2. 左手后伸抓住左脚背，向躯干方向用力，左脚跟尽可能靠近臀部，同时整体重心稍向前移。

3. 控制身体平衡，保持 5~8 秒，然后换腿进行。

主要参与肌群

髂腰肌、股四头肌、胫骨前肌。

训练目标

拉伸大腿、小腿前侧肌群。

建议次数、组数

每组 10 次（左、右腿各 5 次），每次保持 5~8 秒，每组间歇 30 秒，完成 1~2 组。

1

2

动作 3　抱踝上提俯身前倾

动作要点

1. 立正姿势开始，盘右腿抬起，双手抓握右脚踝并继续上提，右膝、髋外展，左脚提踵，重心上移。

2. 脚不落地，右手直接抓住右脚踝，向后提拉，使右脚跟靠近臀部。

3. 上体匀速屈髋前倾做俯身平衡，左手前伸，抬头，眼看前方，上体与地面平行时，稍停顿。

主要参与肌群

臀大肌、股四头肌。

训练目标

打开髋部，拉伸大腿及臀部肌群。

建议次数、组数

每组 10 次（左、右腿各 5 次），每组间歇 20 秒，完成 1~2 组。

动作模式训练

动作 1　分腿跪姿负重摆臂练习

动作要点

1. 两腿前后开立，单膝跪地；前侧腿全脚掌着地，大腿平行于地面，小腿垂直于地面；后侧腿前脚掌着地，大腿垂直于地面；髋关节向前，挺胸立腰，核心收紧，肩平、头正。

2. 双手各持 0.5~1 公斤小哑铃或重物，以肩关节为轴，前后摆动，向前摆臂时大小臂夹角约为 90 度，向后摆臂时大小臂夹角约为 135 度；摆臂时尽量贴近身体两侧，手前摆时不过身体前中线。

主要参与肌群

股四头肌、髋屈肌、臀肌、三角肌。

训练目标

增强上下肢及腰腹力量耐力，提高平衡能力和身体稳定度，改进跑步技术动作。

建议次数、组数

　　每组 30~40 次，每组间歇 1 分
钟，完成 2~4 组。

动作 2　　对墙单腿高抬

动作要点

1. 身体侧对墙面，向墙面稍倾斜，单臂支撑，外侧手臂屈臂自然置于体前。靠近墙面的腿屈膝成弓步，大小腿弯曲约90度，外侧腿向后伸直，两脚跟提起，重心稍靠前。

2. 单腿高抬时，支撑腿用力蹬伸，充分伸直髋关节、膝关节，提高身体重心，摆动腿迅速蹬离地面，向前上方屈膝高抬平行于髋关节处，稍停顿后，摆动腿自然后伸回落至起始位置，外侧手臂配合前后摆动。

主要参与肌群

股四头肌、髂腰肌、臀肌、腓肠肌、三角肌。

训练目标

增强下肢及腰腹力量耐力，提高平衡能力和身体稳定度，改进跑步技术动作。

建议次数、组数

每组 12 次，每组间歇 40 秒，两腿交替完成 3~4 组。

动作 3　俯撑登山

动作要点

1. 登山跑时，要和俯卧撑一样，将全身重量放置于手掌和脚趾上，保证身体连成一条直线。

2. 利用腿部肌肉带动单腿向上抬起，往胸部靠近，到达极限后向后侧放下伸直，换另一条腿重复动作。

主要参与肌群

腹直肌、三角肌、股四头肌。

训练目标

加强上下肢力量耐力，快速提升心率，提高有氧、无氧耐力。

建议次数、组数

每组 1 分钟，每组间歇 2 分钟，完成 3~4 组。

动作 4　直线军步走

动作要点

身体直立，两脚尖稍向外分开；快速抬起一侧腿使膝关节稍高于髋，同时屈膝勾脚尖，对侧手臂屈臂前摆至最大幅度稍停顿后，全脚掌迅速落地并用力蹬地，同时抬起另一侧腿使膝关节稍高于髋，两腿交替重复动作。

主要参与肌群

股四头肌、髂腰肌、臀肌、三角肌。

训练目标

整合下肢及腰腹肌群协调发力，提高平衡能力和身体稳定度，改进跑步技术动作。

建议次数、组数

每组 12 次，每组间歇 1 分钟，完成 3~4 组。

功能性训练

动作 1　后蹬跑

动作要点

1. 上体正直或稍前倾，两臂前后有力摆动。一条腿用力后蹬，蹬地时充分伸展髋关节，重心前移，身体较放松。

2. 摆动腿积极向前上方摆动至水平或接近水平部位时，带动同侧髋充分前送，同时膝关节放松，大腿积极下压。

3. 前脚掌着地，缓冲，快速蹬离地面，迅速转入后蹬。

主要参与肌群

股二头肌、半膜肌、半腱肌。

训练目标

体会跑动中蹬地的本体感受，加强下肢蹬地力量，快速提升心率，提高有氧、无氧耐力。

建议次数、组数

每组 30 米，每组间歇 1 分钟，完成 3~5 组。

动作 2   后踢跑

动作要点

1. 上体正直或稍向前倾，两臂前后自然摆动。

2. 足前掌着地，离地时足前掌用力扒地，离地后小腿顺势向后踢与大腿折叠，膝关节放松，足跟接近臀部。

主要参与肌群

臀大肌、股二头肌、半腱肌。

训练目标

体会扒地技术，体会膝踝关节放松和大小腿折叠技术，发展大腿后群肌肉力量。快速提升心率，提高有氧、无氧耐力。

建议次数、组数

每组 30 秒，每组间歇 40 秒，完成 3~5 组。

动作 3　30 米直膝跑

动作要点

1. 双腿伸直，向前做连续踢腿动作前进。

2. 双腿直膝积极下压扒地，带动身体向前移动，勾脚尖，用前脚掌跖球部着地。

主要参与肌群

股二头肌、半膜肌、半腱肌。

训练目标

体会直膝快速扒地技术，快速提升心率，提高有氧、无氧耐力。

建议次数、组数

每组 30 米，每组间歇 40 秒，完成 3~5 组。

动作 4　跳箱稳定下落

动作要点

1. 身体直立，两臂伸直上举至头顶，掌心向前，这是动作的起始姿势。

2. 左脚微微向前抬起大约 30 度，脚尖勾起，右腿弯曲发力自然垂直跳下。

3. 双脚全脚掌落地，屈膝缓冲，两臂自然向后摆动，保持身体稳定下落。

主要参与肌群

比目鱼肌、腓肠肌、股四头肌。

训练目标

发展弹跳能力、力量等素质，快速提高下肢爆发力。

建议次数、组数

每组 10 次，每组间歇 2 分钟，完成 3~5 组。

动作 5 　原地高抬腿有氧跑

动作要点

1. 两臂夹紧靠近身体进行前后摆臂，大臂与小臂夹角约90度。

2. 大腿高抬尽量与髋关节同高，脚尖略微勾起，下压时膝关节放松，用前脚掌跖球部着地。

3. 大腿高抬时注意保持一定的节奏，不宜过快。

主要参与肌群

股四头肌、髂腰肌。

训练目标

增强有氧耐力，提高跑动中的抬腿能力，有利于加大步长。

建议次数、组数

每组1分钟，每组间歇2分钟，完成3~5组。

动作 6　手脚开合跳

动作要点

1. 身体保持直立，抬头挺胸，双手自然垂放于身体两侧。

2. 发力起跳，同时双脚打开与肩同宽。

3. 双脚打开时两臂伸直，头上交叉，肘关节与膝关节保持伸直。

主要参与肌群

小腿三头肌、三角肌。

训练目标

加强上下肢协调配合能力，快速提升心率，提高有氧、无氧耐力。

建议次数、组数

每组 1 分钟，每组间歇 2 分钟，完成 3~5 组。

动作 7　　胯下击掌跳

动作要点

1. 将一条大腿积极向前上摆到水平，并稍稍带动同侧髋向前，大小腿尽量折叠，夹角约成 90 度。

2. 在抬腿的同时，两臂抬起于胯下完成击掌。

主要参与肌群

腹直肌、髂腰肌。

训练目标

加强上下肢协调配合能力，快速提升心率，提高有氧、无氧耐力。

建议次数、组数

每组 1 分钟，每组间歇 2 分钟，完成 3~4 组。

动作 8　单摇跳绳

动作要点

1. 摇绳前，双臂向前伸直，略与肩宽，肩部放松，摇绳时手腕快速绕动。

2. 跳绳时，上体稍前倾，眼看前方，跳动的节奏要与绳绕动节奏相一致。落地时，双脚前脚掌着地，动作协调连贯。

主要参与肌群

小腿三头肌、股四头肌、臀大肌。

训练目标

增强有氧耐力，提高踝关节力量及稳定性。

建议次数、组数

每组 150 次，每组间歇 2 分钟，完成 3~4 组。

动作 9　双人单摇跳绳

动作要点

1. 摇绳前，双臂前伸，略与肩宽，肩部放松，摇绳时手腕快速绕动。

2. 跳绳时，上体稍前倾，眼看前方，跳动的节奏要与绳绕动节奏相一致。落地时，前脚掌着地，动作协调连贯。

3. 双人配合默契，快速跳、落节奏一致。

主要参与肌群

小腿三头肌、股四头肌、臀大肌。

训练目标

培养跳绳兴趣与合作意识，增强有氧耐力，提高踝关节力量及稳定性。

建议次数、组数

每组 120 次，每组间歇 1 分钟，完成 3~5 组。

动作 10　弓箭步跳

动作要点

1. 要先从一个标准的弓箭步开始。标准的弓箭步是一只脚在前，一只脚在后，双膝弯曲，前腿的膝盖不要超过前脚的脚尖，后腿的膝盖则需要接近地面。

2. 接着向上跳起，在向上跳起的过程中，双腿交换位置，前腿向后，后腿向前，同时进行摆臂。以弓箭步姿势落地，就完成了一个弓箭步跳。

主要参与肌群

股四头肌、臀大肌、腘绳肌。

训练目标

提高上下肢协同发力的能力，发展腿部力量，快速提升心率，提高有氧、无氧耐力。

建议次数、组数

每组 12 次，每组间歇 1 分钟，完成 3~5 组。

动作 11 波比跳

动作要点

1. 身体直立，双脚距离与肩同宽，双臂在身体两侧自然下垂，这是动作的起始姿势。

2. 弯腰下蹲，双手撑地，双腿向后跳出并伸直，身体成俯卧姿势。

3. 双腿向前跳回起始位置，然后向上站立并垂直跳跃，同时双臂向头顶举起。

主要参与肌群

三角肌、臀大肌、腘绳肌。

训练目标

锻炼身体 80% 的肌群，快速提升心率，提高有氧、无氧能力。

建议次数、组数

每组 20~30 次，每组间歇 2 分钟，完成 3~5 组。

心肺耐力训练

动作 1　50 米 x8 往返跑

动作要点

1. 加速时，一条腿用力蹬伸，另一条腿屈膝前摆、送髋，积极下压。

2. 途中跑时，按一定的动作节奏与动作幅度进行练习，跑步和呼吸节奏稳定，两步一呼，两步一吸，合理分配体能，动作协调自然。

3. 折返转身时，快速流畅，压低重心，有明显的再加速动作。

主要参与肌群

股四头肌、腓肠肌、比目鱼肌。

训练目标

体会折返时控制身体重心的本体感觉，增强有氧耐力，进一步完善耐久跑技术，提升心肺功能。

建议次数、组数

每组1次，每组间歇5分钟，完成2~3组。

动作 2　变速跑

动作要点

1. 在直道快速跑时，后蹬充分有力，摆动腿积极向前上方摆动，小腿随惯性折叠前伸，头部正直，身体前倾，重心稳定，两臂以肩为轴屈臂前后摆动。

2. 在弯道慢速跑时，降低步幅与步频，跑步动作自然，调整呼吸节奏。

主要参与肌群

股四头肌、腓肠肌、比目鱼肌。

训练目标

提高肌肉的代谢能力和心肺功能，改进跑步动作。

建议次数、组数

200 米环形跑道每组 2 圈，直道快，弯道慢，每组间歇 5 分钟，完成 2~3 组。

1　　2　　3　　4

动作 3 原地变速跑

动作要点

1. 在高抬腿或半高抬腿的原地跑动中不断转换，两臂自然前后摆动，上体要保持正直（不要前倾，更不能后仰），呼吸要像跑步时一样，有规律地快慢变换。

2. 原地快速跑时，提高抬腿幅度与步频，原地慢速跑时，降低抬腿幅度与步频，跑步动作自然，调整呼吸节奏。

主要参与肌群

股四头肌、腓肠肌、比目鱼肌。

训练目标

提高肌肉的代谢能力和心肺功能，改进跑步动作。

建议次数、组数

每组 20 次快速跑，20 次慢速跑，每组间歇 2 分钟，完成 3~4 组。

动作 4 　 3 分钟台阶实验

动作要点

1. 站在台阶前，第一拍单脚向前迈上台阶，第二拍将台阶上的腿蹬直，另一只脚跟着站上台阶并立，第三拍先迈上的脚向后下台阶，第四拍另一只脚下台阶后还原直立，四拍动作约 2 秒完成。

2. 两臂以肩关节为轴，屈臂前后摆动。

3. 呼吸保持匀速，与迈上、迈下台阶动作保持节奏一致。

主要参与肌群

股四头肌、腘绳肌、比目鱼肌、腓肠肌。

建议次数、组数

每组 3 分钟，每组间歇 3 分钟，完成 2~3 组。

训练目标

提高心肺功能和腿部肌肉力量、耐力素质。

动作 5 30 秒高抬腿 +10 秒原地踏步

动作要点

1. 30 秒高抬腿时，两臂夹紧靠近身体进行前后摆臂，大臂与小臂夹角约 90 度，向前摆动至拇指与鼻尖同高，向后摆动高度至极限。大腿高抬尽量与髋关节同高，脚尖略微勾起，下压时膝关节放松，用前脚掌着地。大腿高抬时注意控制节奏，不宜过快。

2. 10 秒原地踏步时，抬脚时脚尖自然下垂，落脚时前脚掌先落地，上身直立，两臂伸直前后摆动，摆动幅度稍大。

主要参与肌群

股四头肌、髂腰肌。

训练目标

增强有氧耐力，提高跑动中抬腿幅度，提高心肺耐力。

建议次数、组数

每组30秒 +10秒，每组间歇2分钟，完成 3~5 组。

第二节

七至九年级练习方法

热身

动作 1　弓步后伸

动作要点

1. 双脚并拢，自然站立。

2. 双手抱腿提单膝，向前迈弓步，前腿小腿垂直于地面，大腿平行于地面，后脚脚尖朝前，与膝关节在同一方向。

3. 双臂先交汇于体前再向上伸展到极限，然后下放手臂到体前，回到初始状态。

4. 两腿交替进行。

主要参与肌群

股四头肌、股二头肌、臀大肌、腰腹肌肉。

训练目标

肌肉激活。

建议次数、组数

每组 8 次，每组间歇 15 秒，完成 2~3 组。

动作 2　最伟大拉伸

动作要点

1. 身体直立，一条腿向前迈一步呈弓步，对侧手撑地。

2. 屈腿一侧手臂屈肘带动身体向内侧旋转，保持 2~3 秒。

3. 屈腿一侧手臂伸直带动身体向外旋转至与地面垂直，眼看手指。

4. 前腿蹬直，身体前屈，两手在前脚两侧支撑，保持 3~4 秒后还原至起始姿势。

主要参与肌群

全身肌肉群。

训练目标

训练目标肌肉激活、提高柔韧性。

建议次数、组数

6 次一组，每次动作保持 5~10 秒。

动作 3　相扑拉伸

动作要点

1. 双脚并拢，自然直立。

2. 跨步呈开立状态，上身保持直立，屈膝下蹲，双手摸至双脚踝，直到大腿与地面平行。

3. 双肘放在双膝内侧，一侧手直臂向上伸展，眼看手，进行另外一侧练习，双臂伸展停顿 2~3 秒后还原至起始姿势。

4. 还原直立状态。

主要参与肌群

腘绳肌、臀部肌群、内收肌群。

训练目标

刺激更多的臀部肌肉，缓解肌肉紧张、肌肉僵硬。

建议次数、组数

每组 5 次，完成 2~3 组。

动作模式训练

动作 1   分腿跪姿快速摆臂练习

动作要点

1. 身体呈跪姿，左腿在前，右腿在后；膝盖弯曲，大小腿约呈 90 度直角，后脚脚尖点地。

2. 以肩关节为轴，大臂带动小臂，做前后快速摆臂的练习。

主要参与肌群

三角肌、冈上肌、冈下肌、大圆肌、小圆肌。

训练目标

建立正确的摆臂动作模式，强化躯干稳定性。

建议次数、组数

每组 30~40 次，每组间歇 15 秒，完成 2~3 组。

动作 2 阻力带军步走

动作要点

1. 双人站立于地面，前后保持一臂间距。一人踩住阻力带一端，阻力带的另一端套在另一人活动腿的脚踝处。

2. 动作者一条腿支撑于地面，另一条腿提膝抬高，使脚跟尽可能靠近该侧的臀部，抬高的腿部脚踝做背屈动作（脚跖向上勾起）。

3. 头部与脊柱保持一条直线，抬腿时手臂摆动至相应的位置。对侧亦然。

主要参与肌群

髋骨肌群、小腿三头肌、臀肌。

训练目标

强化正确的加速技巧和脚步姿势。

建议次数、组数

慢速组每组 30 秒，快速组每组 15 秒，每组间歇 10~15 秒，完成 2 组。

动作 3　交叉步跑

动作要点

1. 动作开始前，两臂侧平举。

2. 以右腿为例，动作开始后，右腿向左侧做交叉步，右脚落点在左脚的左前方，髋关节随右腿转动。

3. 左脚向左平移，呈开立状，两脚尽量在一条水平线上，完成一动作后，右腿向左腿的左后方做交叉步，右脚落点在左腿的左后方，髋关节同样随右腿转动，然后左脚平移呈开立状，重复练习完成交叉步跑。

主要参与肌群

腓肠肌、臀大肌、股四头肌。

训练目标

提高灵敏素质能力。

建议次数组数

每组 20~30 米，每组间歇 30 秒，完成 2 组。

功能性训练

动作 1　途中跑

动作要点

1. 加速时，后面腿用力蹬伸，前面腿屈膝前摆、送髋，积极下压。

2. 途中跑时，按一定的动作节奏与动作幅度进行练习，保持跑步和呼吸节奏稳定，两步一呼，两步一吸，合理分配体能，动作协调自然。

主要参与肌群

臀大肌、腹部核心肌群、小腿肌群、大腿后侧肌群、大腿前侧肌群。

训练目标

增强有氧耐力，进一步完善耐久跑技术，提升心肺功能。

建议次数、组数

进阶（600 米，每组间歇 5 分钟，完成 2~3 组）

标准（400 米，每组间歇 3 分钟，完成 2~3 组）

退阶（400 米，每组间歇 4 分钟，完成 2~3 组）

动作 2   侧对墙单腿高抬

动作要点

1. 左手撑墙，抬起右侧大腿与地面平行，保持头、肩、髋、膝、踝呈一条直线。

2. 左腿后脚跟离开地面，脚尖指向身体前方，保持这一姿势。

3. 完成规定时间，对侧亦然。

主要参与肌群

髂腰肌、股四头肌。

训练目标

提高和增强跑步过程中大腿上抬的动作意识和大腿肌肉上抬发力的感觉。

建议次数、组数

每组左右脚前掌接触地面共 50 次或每组持续做 30~60 秒，每组间歇 30 秒，完成 3~5 组。

动作 3　开合跳

动作要点

1. 直立姿站立，双手叉腰，挺胸收腹，腰背挺直，直视前方。
2. 双脚开合跳跃，落地时双膝微屈缓冲。

主要参与肌群

腓肠肌、比目鱼肌、股四头肌、核心肌群。

训练目标

快速提升心率，提高有氧及无氧耐力。

建议次数、组数

每组 20 秒，每组间歇 15 秒，完成 2~3 组。

动作 4 前踢跳

动作要点

1. 直立姿站立，双手叉腰，挺胸收腹，腰背挺直，直视前方。

2. 核心收紧，膝关节绷直，两腿交替前踢。

主要参与肌群

腓肠肌、比目鱼肌、胫骨后肌、跆长屈肌。

训练目标

快速提升心率，提高有氧及无氧耐力。

建议次数、组数

每组 20 秒，每组间歇 10 秒，完成 2~3 组。

动作 5   后踢腿跑

动作要点

1. 身体呈直立姿站立，上体稍前倾，双臂微屈背于体后。
2. 膝盖弯曲，交替向后上方踢，脚后跟靠近臀部。
3. 双腿交替进行。

主要参与肌群

股四头肌、腘绳肌、臀大肌、腓肠肌。

训练目标

快速提升心率，提高有氧及无氧耐力。

建议次数、组数

每组 20 秒，每组间歇 10 秒，完成 2~3 组。

动作 6　哑铃负重高抬腿

动作要点

1. 身体直立，单手持哑铃准备，一只手扶固定物体。
2. 手持哑铃放于大腿处，另外一条腿屈膝降重心。
3. 内侧腿蹬伸时外侧腿提膝上抬至大腿与地面平行。

主要参与肌群

股四头肌、腓肠肌、比目鱼肌。

训练目标

增强有氧耐力，提高跑动中抬腿能力，有利于加大步长。

建议次数、组数

每组 30 次，每组间歇 1 分钟，完成 3~4 组。

 **俯撑跨步登山**

动作要点

1. 身体呈俯卧姿势，并呈一条直线。

2. 大腿带动膝关节向上抬起至两臂外侧支撑蹬地。

3. 对侧亦然，两腿交替进行，熟练后速度可逐渐加快。

主要参与肌群

腹直肌、股四头肌、三角肌。

训练目标

提高心肺耐力水平。

建议负荷

每组 20 秒，每组间歇 10 秒钟，完成 2~4 组。

动作 8　双人单摇跳绳

动作要点

1. 两人面对面站立，摇绳人将绳放于体后，握住绳两端的把手。前摇绳时，大臂靠近身体两侧，肘稍外展，用手腕发力作外展内旋运动，使两手在体侧做画圆动作。

2. 两人同时并脚起跳。跳绳时前脚掌起跳和落地，当跃起到空中时，不要极度弯曲身体，应呈自然弯曲姿势。

主要参与肌群

比目鱼肌、腓肠肌、股四头肌、核心肌群。

训练目标

提高上下肢协调能力，提高心肺耐力。

建议负荷

15 秒跳绳训练，目标 40 个；每组间歇 30 秒，完成 3~4 组。

30 秒跳绳训练，目标 80~100 个；每组间歇 40 秒，完成 3~4 组。

40 秒跳绳训练，目标 100~120 个；每组间歇 1 分钟，完成 3~4 组。

力量训练

动作 1　药球下劈

动作要点

1. 双脚与肩同宽站立姿势，双腿微屈，双手扶住药球。

2. 双手伸展，将药球举高，眼睛直视前方，同时吸气。

3. 上体稍前倾，用核心力量尽可能用力将球做下劈动作，腹部收缩同时呼气。

主要参与肌群

肱二头肌、肱三头肌、三角肌、腹直肌、臀大肌。

训练目标

发展核心肌群力量。

所需器材

药球。

建议次数、组数

每组 8 次，每组间歇 30 秒，完成 3~4 组。

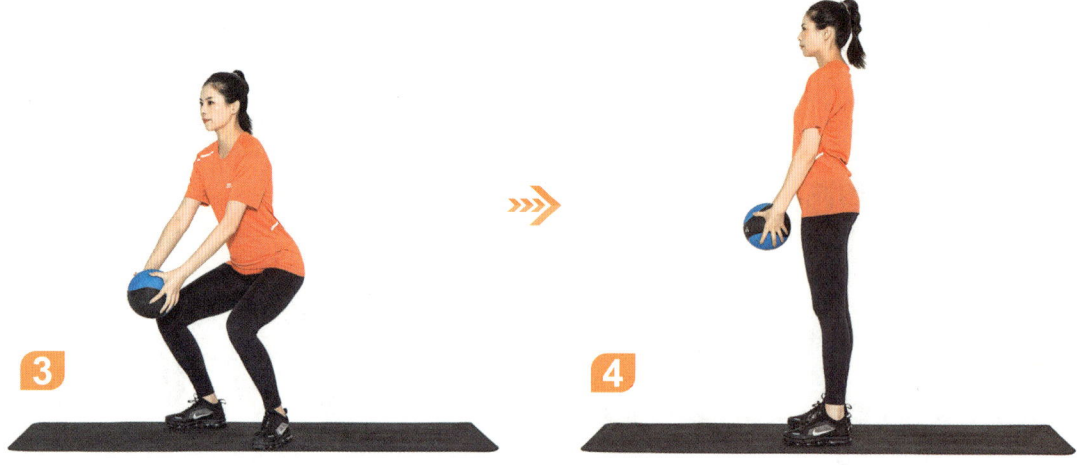

动作 2　阻力带—抗阻力跑

动作要点

1. 一人将阻力带一端套在腰部，另一人将阻力带套在腹部。

2. 跑步者快速向前跑进，注意大腿尽量高抬，双腿蹬摆有力，步频快。

主要参与肌群

臀大肌、腹部核心肌群、小腿肌群、大腿后侧肌群、大腿前侧肌群。

训练目标

下肢力量、爆发力。

建议次数、组数

每组 10~15 米，每组间歇 30 秒，完成 4~6 组。

动作 3　仰卧两头起

动作要点

1. 仰卧于垫上，双臂置于头后侧伸直；双脚内侧夹住瑞士球，身体呈一条直线。
2. 双手与双腿同时用力向上抬起，保持双腿伸直。
3. 双脚将球传至双手接住球。

主要参与肌群

腹直肌、大腿后链肌群。

训练目标

提升核心稳定性、核心力量。

所需器材

瑞士球。

建议次数、组数

每组 15 次，每组间歇 30 秒，完成 2~3 组。

动作 4　俯卧板式支撑抬腿

动作要点

1. 俯卧在垫上，双肘撑地，保持头、肩、背、臀、膝、踝呈一条直线。

2. 双腿交替向上抬至最高点，抬腿时，支撑腿及上半身保持不动。

3. 动作过程中双腿完全伸直。

主要参与肌群

腹直肌、腹内外斜肌、大腿正内侧肌、深层肌群、臀肌、背部肌群。

训练目标

发展核心肌群力量。

建议次数、组数

每组 20 次，每组间歇 30 秒，完成 3~4 组。

动作5 俯卧推球

动作要点

1.开始时采用双膝跪地的姿势，收紧臀肌和腹肌，双手放在球上。

2. 在向前滚球时呼气，球从双手下移动到手肘下的位置，身体向前伸展。

3. 手臂伸直，保持髋关节的伸展，背部伸直，并通过呼气来收紧核心，保持脊柱稳定。

主要参与肌群

肱三头肌、肩三角肌、腹直肌、腹斜肌、下背肌以及竖脊肌。

训练目标

发展上肢及核心肌群力量。

所需器材

瑞士球。

建议次数、组数

每组15次，每组间歇30秒，完成2组。

动作 6　仰卧双腿臀桥

动作要点

1. 身体仰卧于垫上，双腿弯曲，脚跟着地。

2. 髋关节发力向上伸髋呈起桥。

3. 挺髋至最高点时停顿 2~3 秒后，缓慢下降至背部着地。

主要参与肌群

臀大肌、腘绳肌、竖脊肌。

训练目标

增强下肢的力量、爆发力和冲刺速度。

建议次数、组数

每组 20 次，每组间歇 30 秒，完成 2~3 组。

动作 7　阻力带过顶深蹲

动作要点

1. 身体直立，双手体前持阻力带。

2. 双手过顶举同时拉紧阻力带，屈髋屈膝下蹲。

3. 后背挺直，核心收紧，还原时蹬腿挺髋。

主要参与肌群

股四头肌、腘绳肌、臀大肌、中背部、下背部、斜方肌。

训练目标

强化臀部以及上肢力量。

建议次数、组数

每组 12 次，每组间歇 30~45 秒，完成 3~4 组。

动作 8　跳箱爆发力跳跃

动作要点

1. 面向跳箱，双脚与肩同宽，屈膝，核心收紧。

2. 双手向上摆动，带动身体，向上纵跳，跳上跳箱。

3. 跳上跳箱时，屈膝屈髋，双手下摆到身体两侧，保持稳定。

主要参与肌群

股四头肌、腓肠肌、比目鱼肌、腘绳肌、外展肌、内收肌、核心肌群。

训练目标

发展下肢爆发力。

所需器材

跳箱。

建议次数、组数

每组 8~10 次，每组间歇 40 秒，完成 3~4 组。

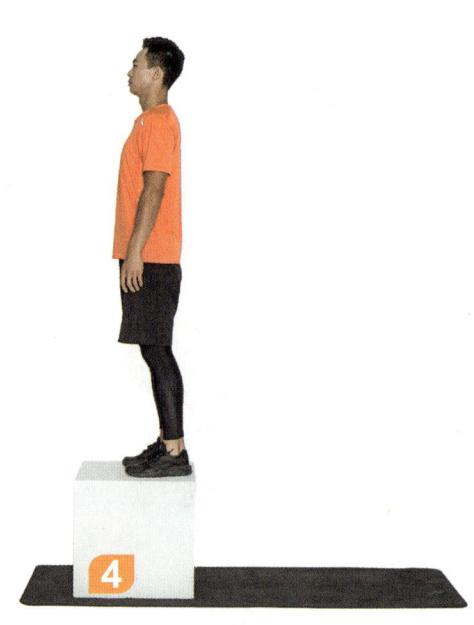

动作 9　分腿跪姿负重下砍

动作要点

1. 身体前后分腿跪姿，双手持药球于身体前方。

2. 双手持药球向斜上方伸展。

3. 直臂快速向斜下方砍劈，核心、下肢保持稳定。

主要参与肌群

三角肌、腹直肌、臀大肌。

训练目标

增加上肢肌肉爆发力，提升核心肌群力量。

建议次数、组数

每组 8~10 次（两侧），每组间歇 40 秒，完成 4~5 组。

第三节

十至十二年级练习方法

热身

动作 1   跨坐拉伸

1. 双腿伸直并拢坐于垫上，上体正直，双臂自然下垂置于身体两侧。

2. 右腿伸直，左腿后撤屈曲与体侧，右腿与左腿腿夹角 90 度。

3. 上体左转右手扶右脚踝，左手经体侧至右脚尖躯干，尽量靠近右腿。拉伸 10 秒后交换方向。

主要参与肌群

腘绳肌、腹外斜肌。

易犯错误

1. 前侧腿弯曲。

2. 躯干侧倾。

纠正方法

1. 减小躯干前倾幅度，逐步提高。

2. 将屈曲侧腿置于垫外使膝盖低于跨坐平面可改善躯干侧倾。

训练目标

拉伸大腿后侧肌群，
提升腿部肌肉柔韧性。

建议次数、组数

单侧拉伸 10 秒后换方
向，持续 1 分钟。

预计心率

每分钟 80~90 次。

动作 2 俯身 4 字拉伸

1. 右腿屈曲于体前，大腿与小腿夹角成 90 度，左腿屈曲于体侧，大腿与小腿夹角成 90 度，双手置于身体两侧，上体正直。

2. 上体前倾压与右腿上，躯干尽量贴于右腿上，双手撑于体操垫两侧。

3. 还原成开始姿势双腿换方向。

主要参与肌群

臀大肌、阔筋膜张肌。

易犯错误

躯干侧倾。

纠正方法

将体侧屈曲腿置于垫外，使膝盖低于跨坐平面，可改善躯干侧倾。

训练目标

拉伸臀大肌、阔肌膜张肌，提升髋关节肌肉柔韧性。

建议次数、组数

单侧拉伸 10 秒后换方向
持续 1 分钟。

预计心率

每分钟 80~90 次。

动作模式训练

动作 1　直线垫步走

动作要点

1. 上体正直，两臂前后有力摆动。单腿提膝，勾脚尖。支撑腿垫步前进。

2. 摆动腿积极向前上方摆动至水平或接近水平部位时，带动同侧髋充分前送，同时膝关节放松，大腿积极下压。

3. 前脚掌着地，缓冲，交替进行。

主要参与肌群

股四头肌、大收肌。

易犯错误

躯干晃动单侧脚支撑不稳。

纠正方法

分解练习，单侧腿全脚掌落地，待躯干稳定后再进行交替。

训练目标

体会跑动中抬腿的感觉，强化前摆意识。

建议次数、组数

每组 10~15 米，每组间歇 20 秒，完成 3~4 组。

预计心率

每分钟 100~110 次。

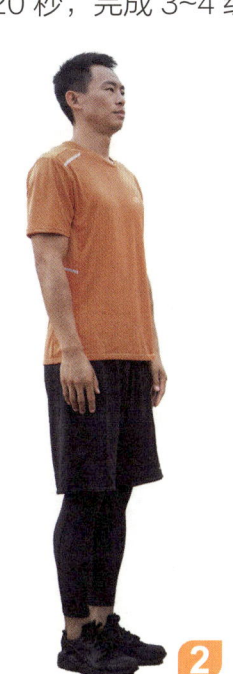

 动作 2　　跳箱单腿稳定下落

动作要点

1. 站立于跳箱上，两臂伸直上举至头顶，单脚蹬箱跳下。

2. 落地时，前脚掌先着地并屈膝缓冲，再到全脚掌支撑，上体保持正直，两臂同时后摆，保持身体平衡。

主要参与肌群

股四头肌、腹直肌。

易犯错误

落地缓冲不及时。

纠正方法

落地同时屈髋后坐，利用臀大肌缓冲减小膝关节压力。

训练目标

提高落地缓冲技术。

建议次数、组数

　　每组6~8次，每组间歇30秒，
完成4~5组。

预计心率

　　每分钟90~100次。

动作 3　　箱式高抬腿

动作要点

1. 直立于跳箱前，屈腿单脚踏在跳箱边沿，屈曲腿蹬跳箱发力。

2. 顶髋同时单腿提膝上摆，大小腿成 90 度，支撑腿的大腿尽量与躯干保持一条直线，稳定后还原。

主要参与肌群

股四头肌、腹直肌、背阔肌、臀大肌。

易犯错误

屈髋、支撑腿晃动。

纠正方法

强调顶髋，单腿提膝上摆，同时提示学生挺胸抬头。加大支撑腿与跳箱接触面积提高稳定性。

1

训练目标

提升身体协调性，感受发力由核心向四肢的传导。

建议次数、组数

每组 6~8 次（两侧），每组间歇 1 分钟，完成 4~5 组。

预计心率

每分钟 100~110 次。

功能性训练

动作 1 多项移动跑（T型跑）

动作要点

1. 起跑线后做好起跑准备，出发后先直线冲刺到第一标记点，再横向移动至第二标记点，反方向横向移动到第三标记点，再回到第一标记点，最后反向跑回起点。

2. 横向移动时应用侧滑步，跑动时躯干保持稳定，注意降低重心。

主要参与肌群

股四头肌、股二头肌、髂腰肌、腓肠肌、腓骨前肌。

易犯错误

重心高，移动缓慢。

纠正方法

全程前脚掌着地，移动保持低重心，减少中心起伏。

训练目标

提升身体灵活性，增强敏捷性，发展下肢力量。

建议次数、组数

完成 4~5 组，每组间歇 1 分钟。

预计心率

每分钟 120~130 次。

动作 2　药球弓步跳

动作要点

1. 成跪姿，双手持药球于胸前，躯干立直保持身体稳定。

2. 双腿同时蹬地向上跳起，同时上举药球。空中交换腿后稳定落地，药球收于胸前。

主要参与肌群

三角肌、腹直肌、臀大肌、股四头肌。

易犯错误

发力脱节。

纠正方法

分解练习，双腿平行站立，深蹲后向上跳起，同时上举药球体会协调发力。

训练目标

增强腿部肌肉爆发力，提升核心肌群与肩部力量。

建议次数、组数

每组 8~10 次（两侧），每组间歇 40 秒，完成 4~5 组。

力量训练

动作 1　侧桥抬腿

动作要点

1. 屈臂侧撑，异侧臂叉腰。身体成一直线，保持稳定。
2. 直腿侧抬至最高点，稳定后缓慢下放还原。

主要参与肌群

三角肌、腹直肌、臀大肌。

易犯错误

躯干晃动核心不稳定。

纠正方法

提示腰腹肌肉收紧，两名同学一组辅助练习。

训练目标

提升核心肌群力量。

1

建议次数、组数

每组 8~10 次（两侧），
每组间歇 1 分钟，完成
3~4 组。

2

预计心率

每分钟 110~120 次。

3

动作 2 　俯撑哑铃单臂划船

动作要点

1. 左手支撑于跳箱上，左腿跪于跳箱上，右脚蹬地支撑，右手握哑铃垂放，成预备姿势。

2. 背部发力，手持哑铃上拉至体侧稍停顿，缓慢还原，反复交替。

主要参与肌群

背阔肌、肱三头肌。

易犯错误

手臂发力过多，背阔肌练习不足。

纠正方法

发力时背阔肌先发力，提起哑铃手臂发力稍后。

训练目标

加强上肢与背部肌肉力量，提升摆臂能力。

建议次数、组数

每组 12 次，每组间歇 1 分钟，完成 3~4 组。

预计心率

每分钟 90~100 次。

动作 3　药球仰卧起坐

动作要点

1. 两人一组，练习者屈腿坐于垫上，同伴手持药球站于对侧。

2. 同伴抛球给练习者，练习者接球后完成一次仰卧起坐。

3. 将药球抛给同伴，完成规定次数。

主要参与肌群

腹直肌。

易犯错误

起身传球动作脱节。

纠正方法

平躺于垫上，双手握球于胸前，腹肌发力收缩同时推球。

训练目标

提升核心肌群力量。

建议次数、组数

每组 10~12 次，每组间歇 40 秒，完成 3~5 组。

③

④

预计心率

每分钟 120~140 次。

⑤

动作 4　负重单腿硬拉

动作要点

1. 站立，左手握哑铃成预备姿势。

2. 身体前倾，左腿直腿后摆，躯干与腿成一条直线并与地面平行，左臂直臂下探，支撑腿保持稳定。还原站立姿态后，两腿交替。

主要参与肌群

股四头肌、腓肠肌、比目鱼肌。

易犯错误

弓腰驼背。

纠正方法

强调张肩挺胸，背部肌肉收紧。

训练目标

提升腿部肌肉稳定性。

建议次数、组数

每组 10~12 次（两侧），每组间歇 1 分钟，完成 3~4 组。

预计心率

每分钟 100~110 次。

动作 5　阻力带单腿罗马尼亚硬拉

动作要点

1. 直立，右脚踩住阻力带，双手在身体两侧握住弹力带两端。

2. 身体前倾，左腿直腿后摆，躯干与摆动腿成一条直线并与地面平行保持稳定，右腿稍弯曲。右腿发力伸直，左腿迅速回位，上体立直。

主要参与肌群

股四头肌、腓肠肌、背阔肌。

易犯错误

弓腰驼背。

纠正方法

强调张肩挺胸，背部肌肉收紧。增加支撑腿弯曲幅度。

训练目标

提升腿部爆发力量，加强背部肌肉力量。

建议次数、组数

每组 10~12 次（两侧），每组间歇 1 分钟，完成 4~5 组。

预计心率

每分钟 110~120 次。

动作 6　阻力带火箭推

动作要点

1. 两脚开立并踩住阻力带，双手在身前握住阻力带。
2. 缓慢下蹲后迅速发力站起，同时两臂上举伸直，动作迅速。

主要参与肌群

股四头肌、腓肠肌、背阔肌、三角肌、肱三头肌。

易犯错误

上下肢发力脱节。

纠正方法

徒手练习，动作熟练后再负重。

训练目标

提升腿部爆发力量，加强肩部肌肉力量。

建议次数、组数

每组 20~30 次，每组间歇 2 分钟，完成 5~6 组。

动作 7　跳箱单腿爆发力跳跃

动作要点

1. 单腿屈膝站立，异侧腿抬起保持稳定。

2. 支撑腿发力向上跳起，两臂配合同时前摆带动身体，单脚落于跳箱上，保持身体稳定。

主要参与肌群

股四头肌、腓肠肌。

易犯错误

起跳高度不足,摆臂展腹不充分。

纠正方法

退阶练习,降低跳箱高度,分解练习,强调摆臂展腹。

训练目标

增强腿部爆发力量。

③

建议次数、组数

每组 6~8 次(两侧),每组间歇 2 分钟,完成 3~4 组。

预计心率

每分钟 120~140 次。

④

动作 8 仰卧跳箱单腿臀桥（药球）

动作要点

1. 仰卧双腿弯曲，将双腿平放于跳箱上，膝关节与肩同宽，双手持球于髋关节。

2. 双腿脚后跟向下推，同时抬起骨盆至肩、髋、膝呈一条直线。

3. 抬起单侧下肢，保持膝关节曲屈，起髋向上后回落。

主要参与肌群

竖脊肌、臀大肌、腘绳肌。

易犯错误

髋关节伸展不足。

纠正方法

分解练习，先练习臀桥体会髋关节伸展。

训练目标

增强臀部驱动力，改变步态。

建议次数、组数

每组 10~12 次，每组间歇 30 秒，完成 3~4 组。

预计心率

每分钟 100~120 次。

动作 9　分腿跪姿负重上劈

动作要点

1. 单腿成跪姿，双手持药球并直臂置于前支撑腿外侧，躯干立直保持身体稳定。

2. 收腹发力，同时直臂向上劈至异侧头顶，停稳后保持平衡。

主要参与肌群

三角肌、腹直肌、臀大肌。

易犯错误

躯干过度转动。

纠正方法

核心收紧，下劈时后背挺直。

训练目标

增加上肢肌肉爆发力，提升核心肌群力量。

建议次数、组数

每组 8~10 次（两侧），每组间歇 1 分钟，完成 4~5 组。

预计心率

每分钟 100~120 次。

功能训练

动作 1　阻力带分腿跪姿单手过头上推

动作要点

1. 成跪姿，左脚踩住阻力带，左手屈臂握住弹力带，躯干立直保持稳定。

2. 左臂向上推举，动作稳定后缓慢还原。

主要参与肌群

三角肌、肱三头肌、腹直肌、背阔肌。

易犯错误

躯干不稳定，上举时腕关节受力过大。

纠正方法

核心收紧，发力时躯干微偏向异侧。强调上举时拳眼对准面部。

训练目标

增强上肢力量，提升核心稳定性。

建议次数、组数

每组 10~12 次（两侧），间歇 2 分钟，完成 4~6 组。

预计心率

每分钟 100~120 次。

动作 2　药球罗马尼亚硬拉至过顶推举

动作要点

1. 双手持药球，两腿半蹲成预备姿势。

2. 直臂体前上举，同时两腿蹬伸成人字形。保持稳定缓慢还原，交替反复。

主要参与肌群

股四头肌、背阔肌、三角肌。

易犯错误

硬拉时弓腰驼背，上举时曲臂。

纠正方法

强调张肩挺胸，背部肌肉收紧。提示支臂上举。

训练目标

提升下肢爆发力量，增强核心稳定性。

建议次数、组数

每组 8~10 次，每组间歇 40 秒，完成 4~5 组。

预计心率

每分钟 120~140 次。

第五章

运动健康

第一节

心理放松与情绪调节

心理放松和情绪调节是保持身体健康的重要手段。心理放松的程序包括预备姿势、准备动作和放松练习，其中放松练习主要通过心理暗示达到放松身体的目的。情绪调节则是通过表情、活动、呼吸、音乐和气味等办法促使情绪获得改善。

教学目标

使学生了解什么是心理放松和情绪调节，掌握主要的心理放松和情绪调节的方法，并能用于实践。

教学内容

一、心理放松的作用

心理放松是一种通过训练有意识地以暗示语来集中注意力，调节呼吸，使肌肉得到充分放松，从而调节中枢神经系统兴奋性的方法。心理放松主要有深呼吸缓解法、肌肉放松法、暗示训练法、注意力转移法、催眠法等方法。各种放松练习方法的共同点是：注意力高度集中于自我暗示语或他人暗示语、深沉的腹式呼吸、全身肌肉的完全放松。通过放松练习，可以减弱大脑的兴奋性，缓解紧张情绪，并减少比赛或考试前由于情绪紧张而导致过多的能量消耗，使身心得到适当休息，同时为进行其他心理技能训练打下基础。

二、心理放松训练的程序与方法

心理放松需要将注意力高度集中于自我或他人暗示语上，能够清晰、逼真地想象带有情绪色彩的形象，能够清晰地感觉肌肉不同程度的紧张状态，同时进行深沉而缓慢的腹式呼吸。

1. 选择预备姿势

马车夫式——坐在椅子或凳子上，想象一位老式马车的车夫在长途旅行中的从容姿态，头微微前倾，手和胳膊轻松地放在大腿上，两腿选择较舒适的姿势，脚尖微微朝外，闭上双眼。

软椅式——舒适地坐在一张软椅上，胳膊和手放在椅子的扶手或自己的腿上，双腿和脚选择舒适的姿势，脚尖略向外，闭上双眼。

躺式——仰面躺下，头舒服地靠在枕头上，两臂微微弯曲，手心向下放在身体两旁，两腿放松，稍分开，脚尖略朝外，闭上双眼。

2. 准备动作

做准备动作，以舒服的姿势坐好，保持身体两边的平衡。用鼻子深深地、慢慢地吸气，再用嘴巴慢慢地吐气。想象身体的各个部分开始放松，先把脸上紧锁的双眉和紧张的皱纹舒展开来，放松脸部的全部肌肉，眼睛向下盯着鼻尖，闭上眼睛，放松下巴，嘴略微张开，放松地反复做深呼吸。身体各部位放松的顺序为脚、双腿、背部、颈、脸、手心。可以在放松时放轻音乐，想象自己赤脚走在轻柔的海滩上，暖暖的阳光照在身上，海风轻轻吹拂，听海浪拍打海岸，将头脑放空，达到放松的目的。吸气时，会感到腹部隆起，然后慢慢地呼出，呼出的时间是吸入的两倍，每一次呼吸的时间都比上次更长一些。做 2~3 分钟准备动作后，接着开始做以下练习。

3. 做 6 种放松练习

① 沉重感练习

首先，学习在身体里引起一种美妙的沉重感。身体直立，双脚打开与肩同宽，闭上双眼，从右手开始做起（如果是左利手，则从左手做起）。默默地重复下面的句子，同时想着它们的含义：

我的右臂变得麻痹和沉重 6~8 次；我的右臂越来越沉重 6~8 次；我的右臂沉重极了 6~8 次；我感到极度平静 1 次。

② 热感练习

学习灵活自如地在身体内引起一种发热的感觉。热感练习的一般程序如下：

我的右臂变得麻痹和燥热 6~8 次；我的右臂越来越热 6~8 次；我的右臂热极了 6~8 次；我感到极度平静 1 次。

在默读上面的句子时，回忆手指真正感到热的情况，可以想象手臂正浸在盛满热水的澡盆里，或者想象夏天炎热的阳光晒在自己手臂上。

③ 心脏练习

通过上述两种放松练习，会使自己的心跳平缓而稳定。接下来做准备活动，简短地重复一下沉重感和热感练习，把每个短句念 3~4 次。要仰面躺着，用手在胸部感受心跳、在颈部感觉颈动脉搏，也可以将右手放在左手腕动脉处感觉脉搏。通常，当身体放松后可以直接感觉到心脏跳动，这时就默默地重复：

我的胸部感到温暖舒适 6~8 次；我的心跳平缓稳定 6~8 次；我感到极度平静 1 次。

④ 呼吸练习

这种练习的目的是学会控制自己的呼吸节奏。先做准备动作，然后重复下列各项：

我的四肢变得麻痹、沉重和燥热 1~2 次；我的四肢越来越沉重和燥热 1~2 次；我的四肢沉重和燥热极了 1~2 次；我的心跳平缓而稳定 1~2 次；我的呼吸极为平稳 6~8 次；我感到极度平静（平静渗透了我的身心）1 次。

⑤ 胃部练习

这种练习是为了训练在内脏神经丛，即腰以上、肋骨以下的胃部引起一种愉快、温暖的感觉。先做准备活动，即简短重复沉重感、热感练习、心脏练习和呼吸练习，然后说：

我感到胃部柔软而温暖 6~8 次；我感到极度平静 1 次。

做这个练习时可以将右手放在内脏神经丛的部位，就会逐渐清晰地感觉到这种温暖感。

⑥ 额部练习

练习目的是学习使自己的额头产生一种凉爽的感觉。先做准备活动，像前面一样简短重复沉重感、热感、心脏、呼吸和胃部练习，然后说：

我感到我的额头很凉爽 6~8 次；我感到极度平静 1 次。

在做这种练习时，可以想象一阵轻风吹过自己的面颊，额头和太阳穴感到凉爽。可以在练习之前站在空调或电扇前大声对自己说"我的额头感到很凉爽"，体会一下这种感觉。

下面是以上练习的整个程序：

我感到四肢沉重和燥热；我的心跳和呼吸非常平稳和稳定；我的胃部柔软和温暖；我感到前额很凉爽；我感到极度平静。

到最后，大多数人只要重复一两次上面的句子，就能使自己进入愉快、沉静的自我放松状态。

4. 活化练习

在放松之后，如果将要开始学习或任务（考试、比赛等），应该再做一个自我动员练习，也叫活化练习，使自己的精神振奋起来。为达到目的，需默念下列暗示语：

我的整个身体都在休息……我积蓄了力量……放松和沉静的感觉从手到脚，到躯干，到颈部，到面部……我全身的肌肉都得到了休息……都很有力……呼吸加深了……睡意正在消失……睡意完全消失了……我的大脑休息过了，很清醒！我的自我感觉很好！我很愿意进行自己所面临的工作！

此后，应站起来做身体准备活动，这样整个人将处于十分积极、振奋的状态。

三、情绪调节训练的程序与方法

在训练和比赛中，为了使自己的心理状态保持在最佳水平，可根据具体情境和个人情况采用下列简单易行的调节方法。

1. 表情调节

情绪状态与外部表情存在着密切而有机的联系。表情调节就是一种有意识地改变自己面部的表情以调节情绪的方法。如感到紧张焦虑时，可以有意识地放松面部肌肉，不要咬牙，或者用手轻搓面部，使面部肌肉有一种放松感。当愤怒时，不要横眉竖眼，可以有意识地深呼吸，强迫自己微笑。假如做不到，可以看看别人的笑脸，或者想一想自己过去最高兴的某件事，也可以试着做一种自己平时比较喜爱的体育活动，进而达到调节情绪的目的。

2. 活动调节

活动调节就是利用不同速度、强度、幅度、方向和节奏的动作练习，控制学生临场的情绪状态。例如，情绪过分紧张时，可以采用一些强度小、幅度大、速度和节奏慢的动作练习，来降低情绪的兴奋性，缓解过度紧张的状态。情绪低沉时，可以采用强度大、幅度小、速度和节奏快的动作练习，通过反复练习，来提高情绪的兴奋性。

3. 呼吸调节

正确的呼吸不仅能起到"给氧"作用，还能起到调节体位和协作完成动作的重要作用。通过呼吸调节，可以使学生的情绪波动稳定下来。情绪紧张时，可以采用缓慢的呼气和吸气练习使情绪的兴奋性下降。情绪低沉时，可以采用长吸气与有力的呼气练习提高情绪的兴奋水平。

4. 音乐调节

音乐有节拍、有旋律，通过对大脑皮层的刺激改变脑电波，从而调节和稳定人的情绪。音乐给予人的"声波信息"，可以用来消除大脑工作所带来的紧张，帮助人们集中注意力，促使大脑的冥想状态井然有序。因此，适当的音乐调节有助于学生发挥想象力和创造力，更重要的是可以帮助听者提高协调能力和记忆力，从而达到提高练习效果的目的。同时学生赛前如果有异常的情绪表现（如过分紧张等），听一段轻音乐或喜爱的歌曲，往往能达到调节情绪的良好效果。

5. 颜色调节

颜色会直接影响人的心理和生理状态。在竞赛中可以利用颜色调节学生的心理状态，即为颜色调节。例如，绿色、蓝色、紫色，可使人情绪稳定，具有镇静作用。学生过分紧张时，用绿色毛巾擦汗，到蓝色环境中休息一下，可以使兴奋的情绪得到缓解。如果学生临场精神不振，则应多给予红色或橙色的刺激，激发其热情和积极性。

6. 气味调节

气味通过鼻子传递到大脑皮层，会影响人的情绪，比如，香味使人产生愉悦感，臭味使人产生厌恶感等。学生在训练和比赛期间应注意个人卫生，比如保持运动服和擦汗巾的清洁。也可在干净的擦汗巾上洒一点香水，这样，训练间歇用擦汗巾擦汗时，淡淡的香味会在一定程度上调节学生的情绪状态。

7. 暗示调节

暗示调节是体育教学中最常见的一种心理调节方法，可以用语言、手势、表情或其他暗号来进行。暗示可分为自我暗示和他人暗示。比赛前和比赛过程中，应尽量用积极语言分析对手情况，制订战术，树立信心，避免使用消极词语，如用"我很镇静"代替"我不紧张"，用"我充满力量"代替"我还没有疲劳"，用"我站得很稳"代替"千万别摔倒"，等等。适宜的暗示可以稳定情绪，消除心理障碍，提高比赛成绩。反之，不适当的消极暗示会起到反作用，增加心理负担。

8. 宣泄调节

宣泄调节是指以适当的方式及时和充分地宣泄自己内心的痛苦、忧愁、委屈、遗憾等负面情绪，是调节情绪的一个有效方法。宣泄的方式主要有倾诉、哭泣和写日记三种。

9. 转移调节

当情绪低落或过度紧张时，有意识地强迫自己把注意力从应激刺激转移到其他事物上，这就是转移调节。例如把注意力转移到感兴趣的娱乐活动中（如看演出、逛公园、打扑克、下象棋等），可暂时缓解紧张情绪。

10. 激化调节

在体育比赛中，激化调节也是不可缺少的。激化调节也可以叫作"激将法"，教师可以适时给予学生言语或是行动上的刺激，激发学生的拼搏精神，激活一切可以利用的能量，使他们表现出无所畏惧的气概。这样才能战胜自己的弱点，战胜艰难困苦，在气势上压倒对方，争取比赛胜利。

教学策略

在课前，教师可以通过与学生交流，了解相关信息，根据学生的学习和生活状况，筛选和设计教学素材。

在教学过程中，教师可以采用边讲解、边练习的方式，让学生在音乐的配合下，直接体验身体感受，学会心理放松和情绪调节。

第二节

有效运动负荷

我们都知道，并不是运动量越大，健身效果越好。当运动负荷过大时，容易造成身体劣变现象，引起运动损伤。而运动负荷过小时，机体不能产生应激反应，运动能力提高不明显。因此，科学地制订和监控运动负荷，是有效提高运动效果的必然手段。

一、运动强度

1. 心率监测

运动的强度与心律基本成正比，因此可以将心律作为评价运动强度的一个简便指标。

最大心率（MHR）=220– 年龄。例如，一个 18 岁的学生，最大心率=220–18=202（次 / 分）；经常跑步锻炼的人实际数值大于理论数值。

静态心率（RHR）即刚醒来时测量的心率，连续 3 个早晨测量后取平均值，例如，（59+61+60）/3=60（次 / 分）。

储备心率（HHR）= 最大心率（MHR）– 静态心率（RHR），例如，HRR=202–60=142（次 / 分）。.

目标心率（THR）又称适宜运动心率。目标下限心率即储备心率的 60%+ 静态心率，例如（142×0.6）+60=145.2（次 / 分）；目标上限心率即储备心率的 80%+ 静态心率，例如（142×0.8）+60=173.6（次 / 分）。目标心率（THR）=（下限 + 上限）/2=（145.2+173.6）/2=159.4（次 / 分），目标心率只是一个估算值，如果觉得自己精疲力竭，可能锻炼过度，应降低强度。初始练习，遵循循序渐进原则，达到目标心率下限即可。

大量资料证实，储备心率的 70% 是机体进行有氧运动最安全有效的目标心率。另外，为了操作更加简便，用最大心率的百分比直接计算也可以近似地估算出运动强度。通常认为强度处于最大心率 55%~80% 区间的运动对于提高心肺耐力比较有效，这一区间也被称为发展心肺耐力的目标心率区间，但具体情况因人而异。若发展速度、爆发力等体能，则需要最大心率 80% 以上的运动强度，而发展平衡、协调、灵敏等体能，则不需要太高的运动强度。

2. 运动自觉量表

运动自觉量表（RPE），是一种自我主观感知的测量方法，受测者可以根据疲劳程度来评估数值，其中 0 级为"没什么感觉"，10 级为"彻底精疲力竭"，从 0 级到 10 级吃力程度逐渐加强。此表的优点是简便快捷。

二、时间与频率

运动时间应根据运动强度而定，一般每次 20~60min，每周 3~5 次。遵循强度大、持续时间短，强度小、持续时间长的原则。还要根据当天的体能状态进行调整，如练习者当天体能状态较差，可以进行强度低、持续时间长的训练。

运动会产生累积效应，应遵循持之以恒的原则，通过不断的刺激作用产生累积，从而使机体不断产生新的适应，并且在不断地刺激作用下逐渐得到强化。大量研究证明，通过锻炼所获取的生理机能的增强可因锻炼的终止而降低。因此，想要维持良好的体能状态，必须培养良好的运动习惯。

三、运动恢复

没有科学的运动恢复就没有练习的效果，大量运动后获得"超量恢复"是提高运动水平的基础。只有经过超量恢复的不断积累，才能使体能逐渐增强。因此，运动疲劳的恢复尤为重要，采用"积极性休息"手段会使神经系统和心理状态得到更好的调整，使大脑皮层的工作能力得到更好的恢复，从而加快体力恢复、消除疲劳。可采用以下措施进行运动恢复。

① 变换练习项目、内容。例如在练习中安排趣味性的调整练习、各种轻松的球类活动、游戏等。

② 保障超量恢复时机体所需的各种营养。

③ 可采用保证充足的睡眠、洗热水澡、按摩、理疗等措施进行积极的疲劳消除。

④ 想象放松法。在安静环境中进行深呼吸，或在舒缓音乐中进行场景想象，例如想象自己在海边、草地上等，达到自我放松的目的。

第三节

制订运动处方

制订运动处方是对青少年如何科学有效地进行体育锻炼提出指导意见，也是帮助青少年避免运动损伤的指南。

青少年期间多进行耐力训练、抗阻训练等都是非常有必要的，可以改善青少年的心肺功能以及心血管代谢危险因素。

对健康的学生来说不需要专门进行医学筛查，就可以开始中等强度的运动。对有明确的临床指征的学生，应该进行临床运动测试。对体型肥胖的学生而言，应该尽量减缓运动强度，选择更为温和的运动项目，避免剧烈的跑、跳、投等类型运动，以保护他们的膝、踝等关节。由于青少年的无氧能力比成年人低很多，限制了他们完成持续性高强度运动的能力，为保证青少年骨骼正常生长发育，在运动方案中我们也不应选择高强度运动。

一、运动前测试

1.身体成分测试
有条件的话，可以进行身体成分测试、皮褶厚度测试。

2.心肺耐力（CRF）测试：
Cooper 12 分钟测试：受试者在做好热身的前提下，尽最大努力跑 12 分钟，记录跑完的距离 D 米。最大摄氧量计算公式：$VO_{2max}=(D-504.9)/44.73$。

Balke 15 分钟测试：由 Bruno Balke 于 1963 年开发，受试者尽最大努力跑 15 分钟，记录跑完的距离 D 公里。最大摄氧量计算公式：$VO_{2max}=6.5+12.5 \times D$。

3.肌肉适能测试
屈膝两头起（核心力量）、引体向上（上肢力量）、俯卧撑测试。

4.柔韧性测试
通常进行坐位体前屈测试。

二、运动方案
通过成体系的运动训练，有效提高心肺功能及有氧运动能力。

1.有氧运动
运动频率：每周 3~5 天，体重较大的学生一开始选择每周 3 天，正常体重的学生选择每周 5 天，随着运动能力的提高，较大体重的学生也应逐渐增加到每周 5 天。

运动强度：较大体重的学生选择中低强度（40%VO_{2max}~60%VO_{2max}），正常体重的学生选择中高强度（65%VO_{2max}~75%VO_{2max}）。中低强度的运动更能降低体重和脂肪重量，而中高强度的运动则趋向于增加肌肉质量。

运动时间：每天不少于 60 分钟。

运动方式：健步走、跳舞、骑自行车。

2. 肌肉力量运动

运动频率：每周不少于 3 天。

运动时间：每天 10~15 分钟。

运动方式：双手吊高低杠、爬树、拔河（非组织性的肌肉力量性体力活动）或小重量杠铃举重、抛铅球、弹力带拉伸（有组织性的力量性体力活动）。

3. 骨骼负重运动

运动频率：每周不少于 3 天。

运动时间：每天 10~15 分钟。

运动方式：跳房子游戏、篮球、网球、小重量抗阻训练。

三、运动禁忌症

1. 终止运动的绝对指征

① 随着工作负荷的增加收缩压（SBP）下降 ≥ 10mmHg，或 SBP 下降到低于同一姿势下的测试前 SBP 值，并伴有其他缺血证据存在。

② 中等程度的心绞痛（在标准范围内定义为 3）。

③ 神经系统症状增加（如共济失调、头晕眼花或接近晕厥）。

④ 灌注不良症（黄萎病或苍白）。

⑤ 受试者要求停止。

⑥ 持续性室性心动过速。

2. 终止运动的相对指征

① 随着工作负荷的增加收缩压（SBP）下降 ≥ 10mmHg，或 SBP 下降到低于同一姿势下的测试前 SBP 值。

② 出现疲劳、呼吸困难、哮喘、腿抽筋或跛行。

③ 胸痛加重。

④ 出现高血压反应（收缩压 ≥ 250mmHg 和 / 或舒张压 ≥ 115mmHg）。

第四节

确保运动安全

体育运动不仅能增强体质，提高免疫力，同时能丰富业余生活，促使良好生活习惯的养成。但当体育锻炼安排得不合理，违背科学规律时，就可能出现伤害事故。因此，每个人都应学会自我保护，安全地参与体育运动。

一、身体条件必须符合体育运动要求

在进行体育运动之前，应充分了解运动者的身体状况，避免因疾病造成伤害事故。以下情况应避免进行高强度的体育运动：

① 患有先天性心脏病、高血压、哮喘等疾病。

② 患有心肌炎、感冒发烧、肺炎等疾病。

③ 患有出血倾向的疾病。

④ 月经期女性。

二、运动场地与器材必须符合国家标准

运动场地应符合国家标准，地面必须平整，无水、无利器等不安全因素。合理安排运动空间，避免多人扎堆现象，给各项运动预留足够的安全空间。

在进行体操类如技巧、单杠、双杠等练习时，必须准备符合安全标准厚度要求的保护垫，安排好保护与帮助人员，并且提前检查器械是否稳固、安装是否正确、摆放位置是否安全。

在进行杠铃、哑铃等举重练习时，一定要遵循循序渐进的训练方式。

三、遵守管理秩序与比赛规则

无论是在体育课堂上，还是在体育竞赛中，都要坚决服从老师或裁判员的指导，自觉做到尊重裁判、尊重对手、遵循规则，胜不骄、败不馁。

在运动场上要学会保护好自己，不做违背体育道德精神的事情，不做低俗的事情，不做损人不利己的事情，以健康积极的心态面对竞争，享受比赛过程。

四、准备工作与注意事项

① 准备好相应运动项目的装备与服饰，不穿高跟鞋、皮鞋，避免运动伤害事故的发生。

② 充分的准备活动是安全运动的前提，运动前一定要进行充分的热身活动。在心理上要有准备意识，调动自己的运动情绪，提高身体的运动适应性。

③ 不宜在过饱时或大量饮水后进行锻炼，餐后一小时后才能运动。刚睡醒时不宜立即进行剧烈运动。运动要适度，避免因过度疲劳而发生意外。

④ 剧烈运动结束后切忌立即停下休息，要做好放松和拉伸运动，帮助身体恢复。运动补水遵循"少量多次"原则，切忌大量饮水。

五、运动损伤的应急处理

在参加体育活动时，难免会发生运动损伤，因此，在做好相应预防措施的前提下，还有必要掌握一些运动损伤的应急处理方法。正确的运动损伤处理可以避免二次受伤，防止伤情加重，并可适当减轻伤者的疼痛。

六、常见运动损伤处理方法

1. 擦伤

由于伤口的表面可能会有一些灰尘或其他脏东西，应在处理伤口时用棉球擦去，并用碘酒和酒精进行消毒，但要注意从伤口的边缘向外进行消毒，以免交叉感染。

2. 扭伤、拉伤

立即进行冷敷和加压包扎，冷敷时不可直接将冰块敷在患处，应包裹毛巾等以免冻伤。在刚受伤时切勿进行按摩和揉搓，24 小时后才可进行热敷或按摩治疗。病情严重者应立即送医治疗。

3. 脱位、骨折

首先固定伤患部位，固定物可就地取材，如树枝、硬质厚板等均可，搬运时需轻巧平稳，尽量避免移动患肢，同时立即送往医院。

4. 脑震荡

立刻让伤者就地平卧，不要随意移动位置，勿摇晃、牵扯伤者。对头部进行冷敷，周围人群不要聚集喧闹，给患者一个相对安静、有氧的空间，不论伤情大小，都应立即送往医院就医。

5. 中暑

立即将患者移至阴凉通风处适当休息，给予相应的物理降温，可进行冷敷。适当补充水分、盐分，如患者有明显的口周麻木、昏迷、抽搐等现象，在急救的同时尽快送医救治。

6. 止血

受伤出血时不要慌张，首先要评估出血的程度，根据具体情况采取相应措施，一般有加压包扎、高抬伤肢、指压、填塞、止血带、冷敷等方法。严重者立即送医救治。

7. 溺水

事故发生第一时间拨打 120 急救电话，溺水者被救上岸后迅速清除口鼻中杂物，解开腰带和较紧的衣物后，立即进行人工呼吸、心肺复苏，抓住 120 到来前的黄金救助时间。

思想上的麻痹大意，是导致运动损伤的主要原因之一，避免运动损伤应认真贯彻"预防为主"的方针，加强安全意识、纪律意识，加强道德观念，发扬良好的体育道德风范。